U0153664

偵探少女事件簿：屁屁偷拍之謎

給家長的話

田詠葳、陳延昇

各位爸爸媽媽，有沒有發現我們越來越離不開手機？在辦公室裡、餐桌上、捷運上，甚至在床上，我們已經很習慣用手機連接網路來工作或娛樂。如果作為成年人的我們，都很難抵擋網路的魅力，遑論尚在小學階段的孩子們呢？

對孩子來說，和網友一起打遊戲、聊天漸漸成為生活常態，但是這也代表教育孩子們安全使用網路變得至關重要。學校給的網路素養教育可能還不夠，更需要家庭教育來強化網路使用的媒體素養，這是現代父母的重要功課。我們希望這本小小的繪本，能作為您與孩子溝通媒體素養的一個開端故事。

我們可以提醒孩子，網路上的友誼需要格外小心。當生活中遇到困境和不滿，選擇和生活無實際交集的網友訴苦交心時，可能會有哪些隱憂和應該如何正確應對。

作為父母，我們能幫助孩子在浩瀚網海中安全而自在的探索。我們應該是風，給予孩子助力；我們應該是燈塔，給予孩子航行方向，但羅盤還是操之在孩子手上，獨立思考是小船長們的職責和本事。願與爸爸媽媽們共勉。

箱箱是一位六年級的女孩，喜歡黃色，上課總是在角落
默默聆聽同學發言，仔細觀察他們的一舉一動。

上課看似文靜的箱箱，在空手道課堂中，
卻是能以一打十的黑帶高手！

「剎！」

箱箱大喝一聲，十塊木板輕輕鬆鬆地被踢破。

雖然箱箱是空手道高手，但她從來不用武力欺負別人。
相反的，箱箱有顆溫柔的心。

「不准欺負小動物！」

看到男孩們正在用石頭丟變色龍時，
箱箱馬上向前制止。

「要妳管。」男孩們邊逃邊對箱箱做鬼臉。

箱箱班上有個時尚三人組，走廊就是他們的模特兒伸展台，
總要大家欣賞三人的每日穿搭。

平時他們也以評論他人穿著為樂。
「你們看源源穿盜版衣服耶！」小顏指著旁邊的源源大笑。
「對耶！畫的是香蕉狗！」小鐵誇張地學狗嚎叫了三聲。
「正版香蕉魚衣服又不貴。她家可能是窮光蛋！」亮亮跟著揶揄。

被嘲笑的源源，低頭嗚咽著。

看不下去的箱箱走上前，義正嚴詞地對三人組說：
「家裡有錢也不是你們自己賺的，有什麼好炫耀？」
三人組看見箱箱生氣，都嚇得落荒而逃。

最近為了運動會的籌備，大家常常在Line群組中聊天、討論。
一天晚上，小顏收到了一張匿名人士寄來的奇怪照片。

超變態的！是誰匿名傳噁心屁屁照片給我？

顏

太噁心了吧！我們班竟然有變態偷拍狂！

亮

我猜是亮亮，他最色了！每次都偷亂講有關女生的黃色笑話。

源

才不是我！你們不要亂猜。

亮

我以後不敢在學校上廁所了啦！

顏

一定要快點找出是誰，不然全班的屁屁都要被看光光了。

鐵

刑法第235條第1項

散布猥褻之文字、圖畫、影像者，
處二年以下有期徒刑、
拘役或科或併科九萬元以下罰金。

早上的六年一班人心惶惶。大家都很擔心班上有個變態偷拍狂，
而事情也很快地引來阿茂老師的關切。

「你們知道散佈不雅照是違法的嗎？都刪掉不要再傳了。」
在阿茂老師強烈要求下，大家紛紛拿出手機刪除照片。

「還有這是誰做的，現在快點承認！」老師企圖找到始作俑者。
大家面面相覷，卻始終沒有人承認。

不過消息就像長了翅膀似的。

下課時間，幾乎全校同學都在謠傳，有人的屁股被偷拍了，

左邊屁股上還有一顆痣。

游泳課時，
班上男生們竟然在更衣室裡，
想互相拉下彼此的泳褲檢查是不是有痣。
體育老師氣瘋了，全班男生被罰站在泳池旁。

變態偷拍狂遲遲未找出，班上仍是一片混亂。

煩惱的箱箱在樹蔭下練習著空手道，為運動會準備。

「唉呀！」一隻變色龍從樹梢跳到箱箱的手肘上。

喜歡小動物的箱箱，拿出手機對準變色龍，
想將這特別的一刻記錄下來。
但就在按下快門的前一刻，變色龍竟然跳走了！

「討厭！」箱箱嘟囔著，準備把失敗的照片刪掉時，
卻意外發現屁屁照片的真相！

隔天一早，箱箱走上講台。

「大家別擔心，屁屁照其實是假的！你們可以上台來看我示範。
手肘這樣彎的話……」

風波逐漸平息，
但究竟是誰躲在暗處惡作劇？
箱箱正思考著嫌疑人時，
變色龍又出現了！

「又是你。」箱箱嘟嚷著，和變色龍大眼對小眼。

看著變色龍捲曲的藍色尾巴，箱箱靈機一動！

「藍色……圓圈……我知道是誰了！」箱箱大喊。

「源源，我想妳手上的髮圈，
應該就是屁屁照片的那條藍線吧？」
放學後，箱箱主動走到源源身邊。

源源沉默了一會，承認道：「對，照片是我傳的……」
「為什麼要這樣做呢？」箱箱不解。

「誰叫小顏他們要欺負我！」
源源脹紅著臉生氣地說：「我的穿著打扮不需要他們來管！」

「所以妳才想透過屁屁照片騷擾他們。」箱箱恍然大悟。
「對，遊戲裡的網友説，這樣小顏他們才會受到教訓！」
源源進一步解釋。

最近網路瘋傳

手肘彎曲變成屁股

太好笑了！

loading incoming massage...

網友：
你要不要惡整同學？

「原來如此，我能理解。
但妳的惡作劇，不也同樣為其他同學帶來傷害？」
箱箱向源源提供建議，「如果是我，我會正拳對決。」

「我知道了，箱箱。我會去和阿茂老師坦承這一切，
也會向大家道歉的。」源源承諾。
「沒事的，我陪你一起。我相信小顏他們也知道錯了。」

晴朗的天空下，有著箱箱的陪伴鼓勵，
源源再次展開笑顏，鼓起勇氣面對自己的錯誤。

停下來，想一想，網路交友小秘訣

網路交友既方便又有趣！
不過你知道嗎？
在台灣，每年約有數千名兒童與青少年，不慎落入網友的陷阱中，
被詐騙、要脅交出金錢，甚至是個人的私密照！

但只要謹記「STOP」口訣，網路交友也可以安心又好玩！

1. S（Secret，秘密）：

對個人重要資料守口如瓶。不輕易給予網友真實姓名、手機號碼、所在位置（GPS定位）
／住址、個人私密照、網路帳號及密碼、家長的信用卡號，以及就讀學校與班級等資料。

2. T（Tell，告知）：

告知家長、老師或朋友自己的網路交友狀況。和網友相約見面時，明確告知家長是哪
位網友，以及見面的時間、地點及何時回家。

3. O（Open，公開）：

見面的地點應選擇明亮、人多、交通方便、手機訊號良好且熟悉的「公共」場所，並
找朋友一同赴約，拒絕至網友家中作客；見面時間應正常，避開半夜、清晨或其他不
合理的時間段。

4. P（Person，對象）：

網路交友應謹慎觀察聊天對象。若出現索要個人資料、提供賺錢機會、誇獎示好、主
動／互相送禮、要求成為男女朋友或傳送色情影像／不明網頁連結，應提高警覺心，
並與家長、老師討論。

參考資料

台灣展翅協會（2012）。〈網路交友遭受性騷擾、性侵害〉。取自
http://www.web885.org.tw/web885new/faq4.asp
兒童福利聯盟（2020）。〈2020年青少年網路隱私與網友互動調查報告〉。取自
https://www.children.org.tw/news/news_detail/2406

高雄市政府警察局婦幼警察隊（2015）。〈網路交友安全守則〉。取自
https://www.kmph.gov.tw/fuyou/cp.aspx?n=392DE704B982D6D0
教育部全民資安素養網（2019），〈結交網友的智慧〉。取自
https://isafe.moe.edu.tw/article/2328?user_type=2&topic=7

學習單

1. 故事中的源源，因為沒有穿著名牌衣服而遭到班上同學嘲笑。面對和我們長相、穿著打扮、個性等不一樣的人，我們可以藉此取笑、欺負他人嗎？

2. 箱箱在故事中勇敢挺身而出，阻止了他人欺負動物、霸凌同學等行為。換作是你，你會做出和箱箱一樣選擇嗎？

3. 你贊成受霸凌者採取以牙還牙、以眼還眼的方式，報復他人嗎？

4. 收到不雅訊息或圖片時，我們可以轉傳給他人嗎？

5. 網路世界真真假假，網友說的話我們可以全部相信嗎？

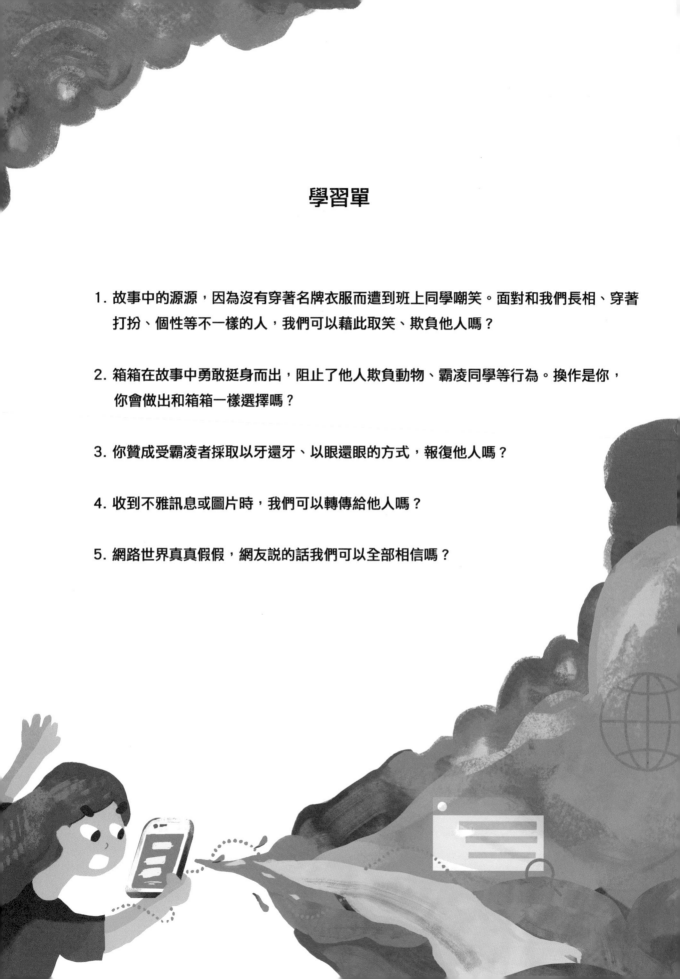

學習回饋單

_____

_____

_____

_____

_____

_____

_____

_____

_____

_____

學習回饋單

學習回饋單

教育通識系列

偵探少女事件簿：
屁屁偷拍之謎

作　　者	田詠葳、陳延昇
繪　　者	魏宜君
總 策 劃	李大嵩
執行單位	國立陽明交通大學全球公民教育專題研究中心

出 版 者	國立陽明交通大學出版社
發 行 人	林奇宏
社　　長	黃明居
執行主編	程惠芳
地　　址	新竹市大學路1001號
讀者服務	03-5712121轉50503
	週一至週五上午8:30 至下午5:00
傳　　真	03-5731764
e - mail	press@nycu.edu.tw
官　　網	http://press.nycu.edu.tw
FB粉絲團	http://www.facebook.com/nycupress

印　　刷	華剛數位印刷有限公司
初版日期	2023年1月一刷
定　　價	280元
I S B N	9789865470555
G P N	1011200004

展售門市查詢

陽明交通大學出版社
http://press.nycu.edu.tw

三民書局
臺北市重慶南路一段61號
網址:http://www.sanmin.com.tw
電話:02-23617511

或洽政府出版品集中展售門市
國家書店
臺北市松江路209號1樓
網址:http://www.govbooks.com.tw
電話:02-25180207

五南文化廣場臺中總店
網址:http://www.wunanbooks.com.tw
地址:臺中市西區臺灣大道二段85號
電話:04-22260330

國家圖書館出版品預行編目(CIP)資料

偵探少女事件簿：屁屁偷拍之謎
田詠葳，陳延昇著 ；魏宜君繪.
-- 初版. -- 新竹市：國立陽明交通大學出版社，2023.01

面 ； 公分. -- (教育通識系列)

ISBN 978-986-5470-55-5(精裝)
1.CST: 媒體素養 2.CST: 親職教育 3.CST: 繪本

528.2　　　　　　　　　　　　　　　111019156

作繪者介紹

作者
田詠葳

國立交通大學人文社會學系畢，現就讀國立陽明交通大學傳播研究所。曾任國小家教，知道網路對當今兒童的影響，希望藉由繪本故事貼近孩子的心，幫助孩子在面對網路的紛紛擾擾時，擁有自我保護的能力。

作者
陳延昇

美國佛羅里達州立大學傳播學博士，專注於娛樂媒介研究。現為國立陽明交通大學全球公民教育研究中心副主任，並任教於國立陽明交通大學傳播研究所，曾任台灣資訊社會研究學會秘書長。近年來致力推動網路公民素養教育，期望透過繪本與Podcast等寓教於樂的方式，培養大眾網路識讀的能力。

繪者
魏宜君

透過畫筆書寫日常感想。 認為藝術創作就是要從A點走到B點，但永遠到不了B點的過程，享受一路的酸甜苦辣，並將五味雜陳拓印於紙本上，再翻開下一篇章，全然交付給生活體驗。